2019 운문시대 Vol.15

황홀한 직선

2019 운문시대 Vol.15

황홀한 직선

동학사

운문시대 15집을 내면서

저 빛, 저 언어, 저것은, 성배인가, 독배인가

동인이여, 판단은 각자의 몫!

너는 너고,
나는 나다.

2019년 6월
〈운문시대〉 동인

차 례

- 운문시대 15집을 내면서 · 5
- 해설 · 95

1 손상철

불안한 봄의 보고서 11
택시 잡는 날 비가 왔다 12
선인장이 있는 정물화 13
누수 14
나비 15
제비꽃을 든 소녀 16
문현동門峴洞 17
와룡매臥龍梅 18
관음죽觀音竹 있는 방 19
서쪽이란 단어 20
소공녀, 꽃이 지기로서니 21

2 김종렬

나리분지 25
고향 3 26
애기똥풀 27
분양 28
황홀한 직선 29
갈등 30
아내의 잔소리 31
고향의 봄 3 32
개사돈전상서 33
이 봄날엔 34
기다림 35

3

김병환

시조 39
문수 호반에서 40
프롤로그 사람들 41
팽나무 저녁 42
쇠북이 운다 43
궁거랑 이야기 44
목련 45
소리쟁이 풀꽃 46
고향생각 47
간월재를 채록하다 48
명아주 시편 49

4

박미자

발 53
시간 54
백두 생각 55
핑크뮬리 56
그 자리 57
꽃불 58
목마름을 풀다 59
말맛 60
집어등 61
하늘을 우러러 62
너처럼, 63

5

김종연

들의 미담 67
태풍 68
마지막 편지 69
알밤을 삶으며 70
화살기도 71
절벽세대 72
라 요로나 73
열하일기를 읽으며 74
등대진달래 75
울컥, 76
쌍둥이 자매 77

6

신춘희

미성년 81
돌 82
이순耳順을 넘어서도 83
막걸리 84
꿀사과 85
표정은, 천국이다 86
식탁 87
훈수 88
눈, 혹은 눈물 꽃 89
파마 90
인생 91

1

손상철

운문시대_15
신작시조

_ 불안한 봄의 보고서
_ 택시 잡는 날 비가 왔다
_ 선인장이 있는 정물화
_ 누수
_ 나비
_ 제비꽃을 든 소녀
_ 문현동 門峴洞
_ 와룡매 臥龍梅
_ 관음죽 觀音竹 있는 방
_ 서쪽이란 단어
_ 소공녀, 꽃이 지기로서니

불안한 봄의 보고서

얼굴 없는 마네킹이
봄비에 울고 있다
경칩이 지났지만
편지는
오지 않았다

꽃들은 열매에 대해 심사숙고 회의 중

취기가 남은 겨울이
거리를 지나 탈자脫字다
별이 왔고
비가 고이자
구름 밖
새가 지워졌다

꽁초를 다 피운 여자 피워 문다 잔설을

택시 잡는 날 비가 왔다

하루의 끝에 서서 구두끈이 긴장한다
무엇을 잡는 것이 매번 먹구름이다
기상청 예보 없던 비가 목적지를 지운다

누구를 생각했다 혜은이의 새벽비다
내 마음 어디로 가나 그 가사가 늙었을까
12시 서 있는 곳이 도라지꽃 지듯 진다

비가 오니 물고기가 보고 싶다는 아이
붕어빵 이불 속에 넣어주자 비가 그친다
아내는 가끔 뜬금없이 행복하냐 묻는다

선인장이 있는 정물화

그녀의 머릿속에서 박꽃을 먹는 가로등
눈이 먼 달과 고양이
사막을 걷는 구름들
사과를 먹고 싶었지만 날ㄲ이 없는 저 새벽

귀가 다 닳은 마네킹은 휘파람 불고 싶다
훔친 길의 그림자는
다리가 녹아내리고
심장을 꺼낸 여자가 열쇠를 찾지 못한다

두 번의 결혼식과 세 번째 건기의 약속
선인장 목걸이를
걸어주는 하현의 남자
어항 속 금붕어 눈에 가시가 돋는 바람

누수

어디로 사라진 걸까 안으로 닫힌 철문
살이 빠져나간 깃털 같은 저 옷가지
사내를 마지막으로 지켰을 달의 침묵

사인은 우리가 아는 혼자라는 죄였다
살은 이 방에서 저 방으로 숨어들었다
문턱을 넘지 못한 손 죽음보다 참 길다

그가 선택한 길은 아래층으로 가는 것
살의 서러운 꼭지를 뼈의 못다한 춤이
마지막 외로움이란 그 단어를 흘렸다

나비

출근길 시간표와 시계는 왜 맞지 않지
어제도 같은 자리를 탐닉하는 이유가,
여자의 종아리에 앉은 노랑선녀 나비다

누구와 통화중인지 가끔 날고 싶어한다
어느 과수원에서 복숭아뼈가 익고 있을까
신호가 조는 그 사이 나비 먼저 내린다

바람의 지각처럼 구두끈에 걸린 날개
치마가 짧아지는 여자가 봄을 나른다
며칠째 어디로 갔는지 보고 싶다 전한다

제비꽃을 든 소녀

제비꽃 냄새 나는 소녀는 어디에 살까
전하지 못한 편지 마음에 꽃이 눈멀고
이 봄이 다시 겨울로 돌아갈 수 있다면,

붉은 벽돌 벽에 새 달력 걸어본다
밤길은 무서웠고 눈물은 더욱 맑아져
소녀야 너는 모를 거야 저 야윈 달의 눈을,

눈이 멀어질수록 왜 더 가까워지는지
손등 터진 잔설 위에 붉은 살이 돋거든
소녀야 꽃 지기 전에 꿈속에 한번 오렴

문현동門峴洞

지하도 빠져 나온 봄은 고소하다
비의 발자국이란 소문은 이미 지워져
바람의 뒤꿈치에 걸린
봄감기의 잔주름

봄은 백미러에 숨어 눈맞춤 노린다
구름이 잠시 조는 사이 저 뜨거움
깨지기 쉬운 오후가
커피잔에 머문다

골목 손수레에 앉은 하늘이 익고 있다
눈 선한 비둘기가 건진 국수 한 그릇
남편의 땀을 훔쳐주는
눈먼 아내의 손길

와룡매臥龍梅

신호에 걸린 꽃들 건널목에 흔들린다
택시는 삼동의 남은 겨울을 실어 나르고
그 사이 거울을 보는 여자의 흑단 눈매

겨울이 잠깐 흘린 그 게으름의 골목
등 굽은 손수레가 가지에 기대 쉬고
누구를 생각하다 짓는 미소가 툭툭 진다

관음죽觀音竹 있는 방

그녀가 볼 때마다 나를 볼 수 있었다 서로가 눈이 있다는 것을 그때 알았다
불 꺼진 침대 위에서 달의 냄새가 난다

그녀는 사랑하냐고 밤낮으로 묻는다 사랑을 모르는 나는 그녀를 안아준다
산길에 가만 잡은 손 달이 잠시 머문다

어느 밤 우는 소리 몸에서 바람이 인다 무슨 일이냐고 묻자 그녀는 모른척하란다
어디로 가고 싶은지 혼자 멀미를 한다

서쪽이란 단어

꽃들의 그림자가 서쪽으로 기우는
바람이 잃은 길을 확인하는 이유다
다리를 쉬는 새들이 바라보는 그 한 곳

머리칼 넘기는 손이 자꾸 걸어가는 길
신이 아~ 예쁘다란 단어를 숨긴 그 곳
목덜미 감긴 바람이 풍선껌처럼 터진다

아이의 걸음마가 끝내 찾아가는
신이 어디 숨긴 엄마의 박수 한 채
나이테 가만 만지자 손금 환히 보이는

소공녀[*], 꽃이 지기로서니

봄은 그저 담뱃값을 올린 주범이다
겨울은 신호에 걸려 아직 그늘이다
당신은 너무 춥다며 나를 안지 않았다

달방에 얼어붙은 달이 심은 꽃씨
취객의 오줌발에 흥건히 젖어 추웠다
꽃이란 사전 밖으로 도망친 게 잘못이었다

밥은 먹었어요 월급은 받았어요
침묵하지 마세요 그건 또 다른 포기
꽃잎이 지기로서니 그림자가 없겠습니까

---

* 2017 제작 영화 제목, 이 시대 젊은이들 이야기.

2

김종렬

운문시대_15
신작시조

_ 나리분지

_ 고향 3

_ 애기똥풀

_ 분양

_ 황홀한 직선

_ 갈등

_ 아내의 잔소리

_ 고향의 봄 3

_ 개사돈전상서

_ 이 봄날엔

_ 기다림

나리분지

폭설이 퍼붓는 날은
마을도 하나의 섬

길도 담도 다 지워지고
지붕만 간신히 남은,

은근히 사나흘 갇혀
뒹굴고 싶은 하얀 감옥

고향 3

너에게 가는 길은 언제나 흐려있다

그리움에 애가타면 산천도 야위는가

찔레꽃 한 무더기를 종일 내내 보듬는다

애기똥풀

하고많은 이름 중에 하필이면 똥풀이라니

가만가만 생각하다 무릎 치며 깨닫는다

세상에 애기똥만한 깊은 향기 있을라고

분양

일백 리 길을 물어
강아지 분양하던 날

누이동생 시집 두고
돌아서던 마음 같아

차창도 그때와 같이
물안개가 피더라

황홀한 직선

거북이 등짝 같은 가뭄 뒤 종일 비다
봇도랑 물소리를 귀를 씻고 들으며
엎드려 영접하나니 황홀한 직선이여

젊은 한때 직선만을 꿈꾼 적 있었다
유년의 꼬불길에 정강이가 너무 아려
시퍼런 새벽을 훔쳤지, 무지개를 좇아서

먼 길 돌고 돌아 눌러앉은 고향산천
삶의 행간 들춰보면 빗금칠 일 하도 많아
온몸에 비를 내리며 채찍인 양 받는다

갈등

푸성귀와 잡풀 사이
아침부터 실랑이다

신분은 다르지만
하나 같이 푸른 몸짓

반나절 호미만 쥔 채
남새밭만 서성인다

아내의 잔소리

진달래 한 묶음이 화병 앞에 누워 있다
내 딴엔 아내 위해 맘먹고 챙겨온 건데
아까운 목숨 앗았다고 욕만 실컷 먹는다

그냥 두면 길 가는 사람 두고두고 볼 것인데
나 하나 보자고서 저 참한 걸 싹둑 꺾어요?
참으로 생각 없다며 봄 한나절 잔소리다

고향의 봄 3

알싸한 쇠똥냄새
탈탈탈 경운기 소리

살구꽃 그늘 아래
쑥 캐는 아낙네들

그단새 연분이 났나,
까치 배가 불룩하다

개사돈전상서

매화꽃 흩날리는 달 깊은 밤입니다
흰둥이 눕던 자리가 우물보다 깊습니다
마음에 꼭 드시라고 꽃단장해 보냈습니다

행여 귀찮아도 내치진 마십시오
기별만 주시오면 기쁘게 데려오지요
받아만 주신 것으로 가문영광 삼겠습니다

녀석만 생각하면 눈물이 앞가립니다
눈 뜬 지 닷새 만에 어미 잃은 아이입니다
그리움 층층이 쌓아 집 한 채를 짓습니다

이 봄날엔

개들도 이 봄날엔 사색에 젖나보다

목련꽃 피고부터 불러도 딴청이다

늦은 밤 인기척에도 짖을 줄도 모르고

기다림

마을에 하나 남은 깃이 낡은 박 씨네 빈집
고향 와 살겠다던 지난 약속 쟁쟁한데
올해도 능소화 혼자 기다림에 목이 탄다

낯선 대처에서 발을 헛디딘 걸까
어쩌면 연어 되어 하구에 닿았을까
달빛도 안부가 궁금해 문패 앞에 기웃댄다

저물녘 굴뚝연기가 유난히 착했던 집
도란도란 웃음꽃이 담장 위로 만발하던,
박 씨네 집 앞에 서면 젖은 내가 보인다

3

김병환

운문시대_15
신작시조

_ 시조

_ 문수 호반에서

_ 프롤로그 사람들

_ 팽나무 저녁

_ 쇠북이 운다

_ 궁거랑 이야기

_ 목련

_ 소리쟁이 풀꽃

_ 고향생각

_ 간월재를 채록하다

_ 명아주 시편

시조

팍 기죽은 놈으로 회 한판 떠 보내소

기왕이면 초장도 정중히 부탁 하오

친구가 보낸 카톡에서 시 한수를 건진다

문수 호반에서

저 연못 갈피마다 쉬어 가는 계절 있다
초하의 높새바람 갈대로 꽃 피우고
물총새 은피리 물고 수면을 솟구친다

두어 번 헹굼 질에 술렁이는 초록 연밭
가랑비 젖은 햇살 잎 다시 접고 펴다
밤이면 별빛을 모아 살랑살랑 헹군다

프롤로그 사람들

하루가 지나간다 어제 같은 빈 하루

둥글게 빚은 토우 익살스런 얼굴에서

읽는다 너무도 낯선 나 자신의 자화상

팽나무 저녁

푸르게 휘청하는 팽나무 큰 기침에
노을은 혼비백산 저녁 강에 몸 던지고
발 묶인 예순의 저녁이 그림자로 스러진다

깨어진 종소리를 가슴으로 쓸어 담아
포구를 떠난 사람 갈대꽃으로 손 흔들면
팽나무 까마득한 어둠 그리움의 집 한 채

쇠북이 운다

내원사
청동 쇠북, 이명을 앓고 있다

산문 밖
갈참나무 바래진 추억처럼

조금씩
닳아진 귀를 소리가 끌며간다

궁거랑 이야기

사월의 생채기에 무거 삼호 들썩인다
때맞춰 불어주는 고마운 명지바람
흰색이 펼치는 축제, 눈부심 천국이다

팝콘이 톡톡 튀어 난간은 위태하다
양지쪽 멍석 깔고 춘곤증 앓는 새봄
연인들 고운 밀어에 몸과 맘이 다 풀린다

목련

생각이 싱숭해서 집 나온 봄바람을

골목 기웃대다 태클 거는 야한 여자

원 없이 미쳐 보자며 마음을 훔쳐간다

소리쟁이 풀꽃

척박한 땅을 딛고 들판을 평정했다
바람이 부는 날은 팔랑개비 돌려댔다
가난도 거칠 것 없다 하늘 향해 손짓하며

물소리에 흔들리다 실눈 잠시 떴다 감고
질경이 꾸벅 졸다 하품하며 깨는 오후
소낙비 매운 매질에 정신 고쳐 세운다

고향생각

훅 불면 꺼질 듯한 뒷산 분홍 진달래

윤삼월 고향 같은 그리운 얼굴이다

십이 문 황톳길 걷다 푹 빠지는 꽃물결

간월재를 채록하다

살 떨린 풍광 한 폭 담묵으로 내건 산녘
점자책 짚어가듯 산그늘 머리 풀고
가을은 그 어디쯤에서 잠시 길을 잃는다

벼랑 끝 움켜잡은 산국의 노란 꽃손
오름길에 향기 풀어 사연을 채록한다
누리에 곱디 고웁게 색동옷을 입히며

명아주 시편

푸르게 이마 짚고 일어서는 이랑 위로
등짐 진 낮달이 타박타박 걸어와서
소호리 은빛 시편을 물억새에 새긴다

한해살이 풀이라서 가슴은 더 먹먹하다
단풍잎 고추잠자리 앉았다 떠난 자리
등 굽은 지팡이 하나 실루엣으로 일어선다

4

박미자

운문시대_15
신 작 시 조

_ 발

_ 시간

_ 백두 생각

_ 핑크뮬리

_ 그 자리

_ 꽃불

_ 목마름을 풀다

_ 말맛

_ 집어등

_ 하늘을 우러러

_ 너처럼,

발
– 노천 빨래터

어릴 적 개울에서 찰방찰방 뛰놀 때는
돌부리 세상인 줄 까마득히 몰랐었지
울 엄마 치맛자락이 가림막이 되었지

맹추위 불어오던 월세방 공동 빨래터
걸쭉한 입담들로 얼음장 깨어가며
궁핍한 살림살이는 방망이에 녹여냈지

인도의 도비왈라* 몸짓이 경건하다
해종일 세탁물에 발 담그고 주무르고
표백된 거북 발바닥 저 애달픈 발돋움

---

* 직업적으로 빨래를 해 주는 사람들

시간

빛같이 화살같이
달아나 버린다고

어른들은 하나 같이
쯧쯧, 혀를 차지만

책상 앞
알람시계는
거북이 걸음이다

백두 생각

숨이 턱, 막히도록 끝없는 개미 행렬
그 무얼 찾으려고 끊임없이 전진하나
허공에 발을 디딘 듯 둘레길을 먼저 연다

서파, 북파 올랐어도 꿈꾸는 동파, 남파
애국가 배경이 된 하늘 연못 넓은 품에
해종일 안기고 싶다, 쪽물에 감기고 싶다

오르지 못할 산도 넘지 못할 고개도 없다
막막한 길이라도 그 끝은 보이는 법
운무가 비켜서는 날 서로를 알아보리

핑크뮬리

가을이 기댈 곳은 분홍빛 추억이지
서리치는 머릿결이 깊어지는 강변에서
한밤이 이슥하도록 옛 몸을 나, 더듬네

어여뻤던 볼우물에 그늘이 담길 때도
더 어여삐 바라봤던 그대가 있었음에
좁은 길 구불텅한 길 훠이훠이 떨쳤지

삼단 같은 머리카락 하늘 닿게 풀어헤치면
그리운 기억들이 아련하게 돌아올까
물기가 다 마르도록 세어본다, 스무 살

그 자리

대공원 다리 난간에 색소폰 부는 남자

나직이 흘러가는 물소리를 퍼올린다

그 김에 머리 헹구는 수양버들 한그루

구름 따라 청둥오리 하나둘 떠나갈 때

이곳의 거리 악사도 자취를 감췄구나

겨울이 눈꽃을 피우고 지나가는 첫발자국

꽃불

골마다 진달래는 흐벅지게 피어나고

봄바람은 스멀스멀 문 앞까지 왔는데

해마다 도지는 멀미 가라앉지 않는다

목마름을 풀다

그악스런
매미울음
오늘 아침 퍽 순하다

밤새
오신 비에
짝을 찾으셨나

시장통
국숫집 내외
난데없는 웃음이다

말맛

모히또 가서 몰디브 한 잔 하자던
주인공 명대사가 마른 혀를 적십니다
뒤바뀐 어정쩡한 말, 그러면서 당기는 말

모래가 쓸려가서 폐허로 변한 해변
삶의 터전 저당 잡혀 오도가도 못한 발길
서러운 파도의 몸짓 생트림을 하는 나라

영화가 끝나면서 자막이 올라갈 때
맛도 알 수 없는 모히또를 상상합니다
깨금발 높이 올리고 몰디브를 꿈꿉니다

집어등

등촉에 불 밝히면 바다가 일어나요
출렁이는 물소리에 심지가 넌출대고
방파제 에둘러가며 해무도 달려오고

집채만 한 파도가 해안을 덮치네요
바다에 저당 잡힌 구릿빛 얼굴 위로
가뭇한 안개 불빛이 바닷길 여는 동안

당신이 낚은 것이 진정으로 궁금하여
방파제에 홀로 서서 등불을 바라봐요
태풍이 휘몰아쳐도 꺼지지 않을 우리 둘

하늘을 우러러

수학여행 가서 사온 나무에 새긴 시구
부끄럼 없이 살자… 살 수 있다, 다짐했다
한평생 좌우명이던 그 말에 이끌려서

희망퇴직 소용돌이에 중심축 흔들리자
장손의 저 뒷모습 그림자는 길어졌다
하청을 전전하더니 찬바람에 내몰리고

윤동주 생가에서 돌아보는 자책의 날
어느덧 내 별에도 가시가 돋아났다
쪽마루 어디쯤인가, 바람으로 스친 손길

너처럼,

목욕탕 난간에 앉아 노래하는 돌 개구리

쉼 없이 뿜어내니 표정조차 안 읽히네

누구를
사모하는 일
저렇듯 한자리에,

5

김종연

운문시대_15
신작시조

_ 들의 미담

_ 태풍

_ 마지막 편지

_ 알밤을 삶으며

_ 화살기도

_ 절벽세대

_ 라 요로나

_ 열하일기를 읽으며

_ 등대진달래

_ 울컥,

_ 쌍둥이 자매

들의 미담

달개비, 대추나무 옆
고마리 그냥 피었다

천지사방 줄기 뻗어
영역을 넓혀가도

그곳엔 시시비비가 없다

곁을 그대로 주거나
물러서거나

태풍

어디로 향하는지 풍속은 얼마인지
공개된 이력만으로 세상은 겁에 질려
길 위에 머무는 동안 창들은 모두 닫혔다

틈이 어디였을까 고비라던 이틀 지나도
내 안에 들어앉은 태풍의 눈 하나
수시로 비바람 쏟고 방향도 제멋대로다

마지막 편지

잎
다
떨군
겨울 감나무

수백 개 등불 달고

밤이나 낮이나 누구를 기다리나

더 이상
붉어질 수도 없는
낙하 직전
저
연시(戀詩)

알밤을 삶으며

아버지가 심어놓은 밤나무 몇 그루가

해마다 열매 달아 살아있다 신호 보낸다

노오란 속살을 닮은 그리움이 먼저 익는다

화살기도

듣고 안타까우면 안타까운 그 사연을
회복이 필요하면 또 그것을 위하여
나보다 아픈 이 위해 두 손 모은다는
친구의 고백이 심장에 화살로 박혀
자꾸만 더듬게 된다 그 언저리 온기를
입으로 사랑 넘쳐도 손끝 시린 세상에
내뱉지 않은 온기로 세상을 데우고 있는
따뜻한 기도 한 줄에 덩달아 몸이 달아

어디로 화살을 쏠까 눈빛 분주하다

절벽세대

중심을 놓친 발이 벼랑에서 버둥댄다

가파른 수직의 공간 날개는 돋지 않았다

오늘도 가위 눌린 꿈 헛발질만 만 번째

라 요로나*

사랑에 목숨 걸어도 사랑은 오지 않더라
새끼 셋 호수에 던진 어미의 흐느낌이
너울성 파도를 타고 올라왔다 뭍으로

기억을 상실하면 당신이 지워질까
그믐밤 어둠에 기대 출렁출렁 몸이 울고
악보 속 목이 쉰 가락 목소리를 잃어간다

* 사랑하는 남자와 결혼하기 위해 아이 셋을 강물에 던진 후 밤마다 유령이 되어 우는 여인의 슬픈 전설을 노래한 멕시코 민요

열하일기를 읽으며

각기 다른 마음들이 하나의 목적지 향해
걷고 걷고 또 걸었을 그날의 발소리가
아직도 흥건히 고여 손짓할 줄 몰랐네

아홉 번 강을 건넌 그 밤의 고단함도
무박 나흘 길 위에서 허락 없이 깃든 쪽잠도
임계에 닿고픈 열망 거두지는 못했네

'피서' 라는 겉옷 속에 감춰진 열하의 속살
거대한 대륙의 속내 읽어낸 문장 속에
나 오늘, 기어이 갇혀 한몸이 되고 싶네

등대진달래

옹기장이 처마 밑 질그릇 화분에 담겨
닫힌 대문 열어놓고 까치발 길어지다
행여나 발소리 들릴까 꽃대 먼저 기운다

내게로 오는 길이 낯설지 않도록
하얀 꽃등 달고 기다리는 봄날 한낮
애틋한 사랑의 편지 주소 없이도 찾아왔네

울컥,

"한 권은 내가 쓰고 한 권은 니 줄라꼬 같은 걸 두 권 샀다"

불쑥 나타나 불쑥 내민

일본의 어느 거리에서 샀다는 노트 한 권

마주앉은 카페에서, 시동 켜 둔 차 안에서
쏟아낸 내 이야기에 걱정만 안고 네가 간 후
며칠째 여백에 갇혀있다 첫 줄도 쓰지 못한 채

쌍둥이 자매

시멘트로 몸을 메우고 버팀목 의지한 채

벚꽃길 늙은 나무 햇살 아래 여윈잠 들자

요양원 김 씨 할매도 괭이잠에 드셨단다

6

신춘희

운문시대_15
신작시조

- _ 미성년
- _ 돌
- _ 이순耳順을 넘어서도
- _ 막걸리
- _ 꿀사과
- _ 표정은, 천국이다
- _ 식탁
- _ 훈수
- _ 눈, 혹은 눈물 꽃
- _ 파마
- _ 인생

미성년

당신이, 좋은데, 마주, 할, 수, 있나요?
더듬거리며 말하는 숙맥인 나에게
당신은 하이소프라노로 웃음을 날렸어요

거절을 당한듯해 허둥대는 나에게
순진한 척 말라며 눈총을 쏘더니
갑자기 허리를 당겨 두 팔로 품었어요

당신의 등 뒤로 동백꽃 요염하고,
나의 가슴에는 폭포가 직립하고,
거기에 피가 몰려서 죽는 줄 알았어요

돌

참회에 들려고 돌은 납작 엎드린다

바닥에서 솟구치는 냉기의 엄혹함

때마침 모래가 날려 뺨을 세게 후려친다

한때는 좌대에서 수석이란 이름으로

날마다 샤워하며 영화도 누렸었다

그러다 영문도 모른 채 들판에 버려졌다

누군가 내치면 가차 없이 추락하는

냉혹한 현실 앞에서 돌은 지금 숙연하다

끝없는 초록 풀밭의 정원석을 꿈꾸며

이순耳順을 넘어서도

목숨 걸고 소리해야 남을 울릴 수 있다

칠순 명창 안숙선의 스승님 말씀이다

대충은 소리를 망친다

그 자신도 망친다

목숨 걸고 시 쓰지 못해 나는 아직 무명시인

이순을 넘어서도 한 경지에 이르지 못했다

스치는 풀잎에서도

마음,

크게 다칠 뿐

막걸리

막걸리는 나에게 거룩한 음식이다

극락으로 데려가는 유쾌한 마약이다

좋구나,

다정한 천사여

거룩한 성자여

몸에 칼을 대면서 즐거움을 잃었다

무산자의 천진무구를 누릴 수 없게 됐다

가난한 시로써나마

막걸리를, 찬撰한다

꿀사과

다치고 아픈 것들을 여러 개 골라서
비닐봉지에 담아 승용차에 오른다
향기가 차고 넘친다
코끝은, 화사하다

모양새 볼품없어 퇴출 직전이지만
전 생애를 으깨서 자신을 증명한다

노동과 땀과 눈물의 과육
얼음골
꿀사과

표정은, 천국이다

우리 동네 김성동 씨

올해 나이 일흔 아홉

최저의 생계비로 목숨을 부양한다

가난이 반려견처럼 그의 곁을 지키고

볕 좋은 겨울날이면 난방비 아끼려고

햇볕 드는 장소로 전 생애를 운반한다

남루로 겹겹이 포갠 삶

표정은,

천국이다

식탁

밥 한 공기,

김치 한 종지로

아침을 접견한다

이 순간,

식탁 앞에서

나는, 참 행복하다

가난과

검소한 하나님,

햇볕이 함께 하니

훈수

시들어야 단풍이제

초록이 단풍인가

눈물은 말이여

울화의 선물인겨

동상도 칠순이 됐으니

울어도 흉 없어야

눈, 혹은 눈물 꽃

걸어가던 아이가 가만히 앉는다

눈 속에서

아이를 보는

눈물 같은

눈물 꽃

아이가 눈을 맞춘다

눈물 속에

봄, 튼다

파마

워매, 아줌 씨, 뭔 머리가 요란테요

복자네 미장원서 폭탄 한방 맞았다

튀겨도 제대로 튀겼네!

참말로

예술이제?

인생

한 계단
　한 계단
　　한 계단
　　　내려간다
　　　　또 한 계단
　　　　　한 계단
　　　　　　한 계단
　　　　　　　내려간다
두 발이 지상地上에 닿아야 천상天上에도 들 수 있다

해 설

운문시대 _ 15
신 작 시 조

■ 해설

삶의 길목에서 만난 사람들

김연동(시조시인)

우리가 사는 길녘으로 헤아릴 수 없이 크고 작은 일들이 알게 모르게 일어나고 또 지나간다. 이를 놓치지 않고 포착하고 끄집어내어 새롭게 해석하고 그 의미를 부여하는 일에 관심을 가진 사람들이 있다. 그들은 예사롭게 지나칠 수 있는 것에서도 틈새를 발견하고 그 내부를 바라볼 수 있는 안목을 가지고 있다. 이들의 관심사를 소리나 선과 색, 혹은 언어로 형상화하여 사람들에게 감동을 선사하기도 한다. 이들을 일컬어 예술인이라 부른다. 대부분의 예술인들은 다른 사람보다 그가 처한 상황을 지각하고 비판하는 예리한 시각을 가지고 있다. 뿐만 아니라 그들은 감수성과 개성적인 표현 능력이 남다르다. 이들이 지닌 날카로운 예지가 발동되고 그것을 형상화하는 과정을 거쳐 희열의 구경을 열어간다. 얼마나 치열하게 찾아내려고 애쓰고 고민하느냐에 따라 실현하고자 하는 분야의 예술은 품격

이 높아지고 보다 더 나은 결과물을 얻기도 한다.

이러한 삶의 유역에서 같은 뜻을 지닌 사람들이 연대하여 운문미학의 새로운 장을 열어가는 동인, 〈운문시대〉를 주목하지 않을 수 없다. 아시다시피 오래 전부터 시조를 고전 장르로, 주변문학으로 폄하하는 곱지 않은 시선이 가시지 않고 있다. 그러므로 우리 시대를 살아가는 시조시인들은 남다른 사명감을 갖지 않을 수 없다. 그렇지 않으면 쉽게 실의에 빠진다거나 시들어 버리고 말 것이다. 그럼에도 불구하고 시조문학동인 〈운문시대〉는 울산이라는 삶의 공동체 속에서 변방의 파수꾼 노릇을 하며, 그동안 15집을 발간하며 지역의 시조문학 발전에 기여해 왔다. 뿐만 아니라 이제는 한국 시조시단에 족적을 찍어가고 있는 탄탄한 동인으로 자리매김 하고 있다. 이는 15집이라는 다수의 동인지를 발간해 왔다고 해서만은 아니다. 동인 개개인이 거둔 문학적 결정체가 그 빛을 더하고 있고, 나아가 그들만의 품격과 개개인이 찾고자 하는 신선한 이미지, 치열한 운문정신을 읽을 수 있기 때문이다. 더불어 새로운 표현과 실험정신으로 신세계를 열어 가고자 하는 그들만의 모습들이 작품 속에 묻어나고 있다. 다시 말하자면 안주하지 않고 변화를 추구하고 있기에 주목의 대상으로 부상하고 있는 것이다.

> 봄은 그저 담뱃값을 올린 주범이다
>
> 겨울은 신호에 걸려 아직 그늘이다
>
> 당신은 너무 춥다며 나를 안지 않았다

달방에 얼어붙은 달이 심은 꽃씨

취객의 오줌발에 흥건히 젖어 추웠다

꽃이란 사전 밖으로 도망친 게 잘못이었다

밥은 먹었어요 월급은 받았어요

침묵하지 마세요 그건 또 다른 포기

꽃잎이 지기로서니 그림자가 없겠습니까

– 손상철, 「소공녀, 꽃이 지기로서니」 전문

손상철 시인의 시편들에서는 시조의 전형이라 할 수 있는 주정시 중심에서 과감히 탈피하고자 하는 노력이 엿보인다. 시인이 의도하고 있는 실험정신이 저변에 깔려 있어 이미지의 모호성이 동반되기도 하지만, 이러한 시인의 의도는 시조의 다양화를 추구하는 한 조짐이라는 측면에서 의미 있는 일이다. 누군가 끊임없이 도전하고 시도하여야 할 시조단의 한 영역을 힘겹게 열어가고 있다는 생각이 든다. 인용한 작품은 앞에서 언급한 시인의 의도성과 무관하지 않다. 그러나 시인의 다른 작품들보다 시적 표현과 이미지가 선명하고 명쾌하다고 할 수 있다. '봄은 그저 담뱃값을 올린 주범이다' 라는 첫수 초장의 단정적 진술과 3수 종장의 '꽃잎이 지기로서니 그림자가 없겠습니까' 라는 심각한 반문 어법으로 이 시대를 통렬히 비판한다. 친구도 너무 춥다며 안아주지 않는 현실을 어떻게 타개해야 할까? 밥 먹고 월급 받고 그런다고 다 된 것이 아니라는 시인의 날선 현실 인식을 읽을 수 있다. 더 나아가 침묵은 또 다른 포기라며 바른 시민정신을 일깨우고 있다. 시절가조라는 시조의 본래의 진정성을 잃지 않은 가작이다.

마을에 하나 남은 것이 낡은 박 씨네 빈집
고향 와 살겠다던 지난 약속 쟁쟁한데
올해도 능소화 혼자 기다림에 목이 탄다

낯선 대처에서 발을 헛디딘 걸까
어쩌면 연어 되어 하구에 닿았을까
달빛도 안부가 궁금해 문패 앞에 기웃댄다

저물녘 굴뚝연기가 유난히 착했던 집
도란도란 웃음꽃이 담장 위로 만발하던,
박 씨네 집 앞에 서면 젖은 내가 보인다

– 김종렬, 「기다림」 전문

빈집은 시골 풍경 속의 오래된 정물이다. 마을에 하나 남은 빈집, 그 집의 주인 박 씨가 다시 돌아오기를 기다리는 시인의 마음이 절절하게 녹아 있는 시편이다. 읽을수록 빈집 속으로 빨려들게 하는 잘 그려진 전경화가 애틋하다. 김종렬 시인은 자기가 처한 현실을 아름답게 승화시켜 수용하는 따뜻한 감성을 지닌 시인이다. 날선 비판 속에 연민과 애정이 담겨 있는 시편들을 많이 발표해 왔다. 그러면서도 현실을 바라보는 예리한 시선의 끈은 늘 팽팽했다. 객지에 삶의 터전을 새로 닦은 사람들이라도 고향을 그리는 마음은 한결같다. 그럼에도 불구하고 능소화가 환한 빈집의 주인이 돌아오지 않는 이유가 뭘까? '달빛도 안부가 궁금해 문패 앞에 기웃댄다' 고 노래 하고 있다. 그런 '박 씨네 집 앞에 서면 젖은 내가 보인다' 고 그리움의 서정을 눈물로 뿌리고 있다. 시인이 기다리는 그 박 씨는 어떤 사람일까? 근황이 독자의 궁금증을 일으킨다.

김종렬 시인의 시편을 읽으면 그 속에 늘 뼈가 씹혔다. 이번 발표 작품은 많이 부드러워진 것을 느낄 수 있다. 이는 시인의 정서적 변화와 표현의 결이 곰삭고 있다는 것을 말해 준다. 좋은 귀결점이 되리라 믿는다.

팍 기죽은 놈으로 회 한판 떠 보내소

기왕이면 초장도 정중히 부탁 하오

친구가 보낸 카톡에서 시 한수를 건진다

– 김병환, 「시조」 전문

김병환 시인은 천상 시조시인이다. 시인에게는 모든 게 시조의 소재가 된다. 삶 그 자체가 시조이다. 세월보다 무서운 게 없다고 했다. 하지만 김병환 시인에게는 더 무서운 게 시조인 것 같다. 세월이 쌓일수록 시조의 무게는 더 무거워지는 것 같다. 머릿속을 가득 채워 옴짝달싹 못하는 것 같다. 카톡 하나도 놓치지 않고 시조로 낚아채는 그의 눈은 맑다. 여느 눈에는 세속적인 것도 승화된 미학으로 다가서는 것 같다. 아시다시피 시조는 현대인의 정서에도 근접된 양식이다. 긴 것을 싫어하는 현대인의 생활 속에 파고들기에 용이한 형식이다. 서두에서 언급했듯이 삶의 과정에서 그 틈새에서 발견한 글감을 가장 잘 소화할 수 있는 장르가 다름 아닌 시조이다. 바로 그러한 실체로 드러낸 것이 김병환의 작품, 「시조」이다. 어렵지 않게 얻은 소재가 한편의 시조로 변모한다. 이런 경우에도 시조가 되는구나! 하고 독자가 쉽게 다가설 수 있는 기회를 제공하고 있다. 김병환 시인의 시편들은 따듯하다. 시인의 체온이 고스란히 전해지고 있다. '고향생각' 등에서 보이는 바와 같이 야단스럽다거나 예리하지 않다. 그의 서정이 찾아가는 곳에는 늘 둥근 하늘과 파란 물이 출렁거린다.

모히또 가서 몰디브 한 잔 하자던
주인공 명대사가 마른 혀를 적십니다
뒤바뀐 어정쩡한 말, 그러면서 당기는 말

모래가 쓸려가서 폐허로 변한 해변
삶의 터전 저당 잡혀 오도가도 못한 발길
서러운 파도의 몸짓 생트림을 하는 나라

영화가 끝나면서 자막이 올라갈 때

맛도 알 수 없는 모히또를 상상합니다

깨금발 높이 올리고 몰디브를 꿈꿉니다

– 박미자, 「말맛」 전문

천만 관객을 동원하지는 못했지만, 불합리한 한국 사회 구조의 이면사를 파헤친 '내부자들' 이란 영화가 세상에 던진 파문은 천만 관객 그 이상이었다. 박미자 시인도 이 영화를 보며 말미의 대사에 마음이 꽂혔던 것 같다. "모히또 가서 몰디브 한 잔 하자니께" 라는 이병헌의 대사는 사람들의 웃음거리였다. 모히또는 어디이고, 몰디브는 또 무엇인가? '모히또' 는 헤밍웨이가 하바나에서 '노인과 바다' 를 쓸 때 붉은 하늘을 안주삼아 즐겼다는 칵테일의 이름이다. 아마도 주인공의 무지를 드러낸 이 언어 유희적 표현으로 말미암아 관객의 기억 속에 깊이 각인되었던 것 같다. 시인은 「말맛」 2수에서 우리 삶의 현장을 날카롭게 비판하고 있다. 그리고 3수에서 '맛도 알 수 없는 모히또를 상상합니다', '깨금발 높이 올리고 몰디브를 꿈꿉니다' 라며 역설적으로 받아치는 기지를 보이며 또 다른 말맛을 노정해 놓았다. 영화 속의 이병헌이 던진 대사의 말맛과 이와 연계하여 풀어낸 박미자 시인의 시조 속 말맛에는 또 다른 감칠맛이 있는 것 같다. 이는 독자의 판단에 맡길 수밖에 없다. 엄숙하다거나 슬프다거나 비장한 느낌 없이 편안히 읽혀서 좋다. 말맛나는 세상을 꿈꾸는 시인에게 앞날이 기대된다.

중심을 놓친 발이 벼랑에서 버둥댄다

가파른 수직의 공간 날개는 돋지 않았다

오늘도 가위 눌린 꿈 헛발질만 만 번째

– 김종연,「절벽세대」

우리나라 수많은 젊은이들이 '절벽' 위에 서 있다고 한다. 대학 입학에서부터 취업과 결혼, 그리고 출산에서 육아, 내 집 마련에 이르기까지 무엇 하나 쉬운 게 없다. 여기에 고용절벽은 더욱 심각하다. 우리 앞에 산적한 문제를 어떻게 풀어나갈 것인가? 정말 걱정된다. 여, 야를 불문하고 이 문제 앞에서는 고개를 숙일 수밖에 없는 현실을 바라보며 시인은 가위눌린 꿈을 꾸며 헛발질을 하고 있나 보다.

"정말 아프니까 청춘이냐고, 절망의 바닥이 있기는 한 거냐고." '절벽세대' 로 불리는 2030세대는 세상에 되묻는다. 청년에게 일자리를 늘려주겠다면서 일자리를 날려버리는, 현실과 맞지 않는 정책을 고집하는 이유가 뭘까? 안타까운 현실을 팔장끼고 바라보며 나무라고만 있을 일이 아니다.

벼랑에 매달려 버둥대며 겨드랑이에 날개가 돋기를 기다리는 젊은이들! 현실과 이론의 벽이 너무 두꺼운 것이 문제다. 귀를 열지 않으면 들을 수 없고 올바른 판단으로 바른 길을 안내할 수 없다.「절벽세대」는 젊은이들의 진정한 바람을 찾아내고

해결하려고 애쓰는 지도자를 갈구하는 이 시대의 경구 같은 시편이다.

김종연 시인의 다른 시조 「들의 미담」도 삶의 틈새에서 발견한 작은 것이지만 울림은 크다.

> 목숨 걸고 소리해야 남을 울릴 수 있다
>
> 칠순 명창 안숙선의 스승님 말씀이다
>
> 대충은 소리를 망친다
>
> 그 자신도 망친다
>
> 목숨 걸고 시 쓰지 못해 나는 아직 무명시인
>
> 이순을 넘어서도 한 경지에 이르지 못했다
>
> 스치는 풀잎에서도
>
> 마음,
>
> 크게 다칠 뿐

– 신춘희, 「이순耳順을 넘었어도」 전문

신춘희 시인은 좋은 시조를 발표해 온 시인이지만 시조시단에 낯선 얼굴이었다. 그래서 늘 궁금증을 일으키는 시인이었다. 간혹 울산에 가면 만날 수 있겠지? 하는 기대를 하며 행사장에 가보아도 보이지 않아 아쉬웠던 분이다. 쉽게 만날 수 있는 시인이 아니라는 생각을 하고 있었다. 그러나 시인의 작품을 〈운문시대〉를 통해 읽을 수 있는 것이 그나마 다행이었다.

인용 작품은 모든 예술인들의 속내를 대변하듯 잘 구성해 놓은 완성도 높은 작품이다. 그렇다. '대충' 은 소리(예술)를 망치고 자신을 망친다. 평생 외길을 걸어도 목숨 걸고 붙들지 않으면 경지에 이르는 일은 없다. 인용 작품은 쉽게 읽힌다. 그렇다고 이 시조가 그냥 쉽게 쓴 것이 아니다. 이순을 넘긴 지금에야 깨닫고 작품화한 것이다. 걸어온 길 위에서 깨달음을 얻기까지 무수한 시간과 시와 결전을 벌여 얻은 결과물이다. 연륜과 문단의 연조가 더께처럼 쌓인 작품이다. 그래서 행간에 힘의 균형이 잘 이루어져 있다. 너무 강하다든지, 약하다든지 과장 같은 것이 느껴지지 않는다. '스치는 풀잎에서도/ 마음,/ 크게 다칠 뿐' 이라는 시인의 예리한 서정이 길목을 막아서서 아름다운 감동을 던져 놓았다.

또 다른 시조 「파마」에는 웃음 한방 잘 튀겨 놓았다. 표현의 경지를 느끼게 하는 시조로 보기 드물게 골계미 넘치는 작품이라 하겠다.

동인들의 작품들을 읽으며 모처럼 즐거운 시간을 가질 수 있었다. 작품에 최선을 다하며 삶의 틈새에서 발견한 생의 문제를 놓치지 않고 이를 행간 속에 넓고 깊게 새기려고 애쓴 흔적들을 읽을 수 있었다. 삶의 길섶에서 일어나는 일들을 놓치지 않고 포착하고 끄집어내어 새롭게 해석하고 그 의미를 부여하는 일에 눈을 떼지 않는 동인들이었다. 이들은 예사롭게 지나칠 수 있는 것에서도 틈새를 발견하고 그 내부를 바라볼 수 있는 안목을 가지고 있었다. 하나 같이 '대충' 쓰는 시조라는 생각이 들지 않았다. 실험정신으로 새로운 표현의 장을 열어가는 시인, 자기가 처한 현실을 아름답게 승화시켜 수용하는 따뜻한 감성을 지닌 시인, 세속적인 것도 승화된 미학으로 일구어 내는 시인, 말맛 나는 세상을 꿈꾸는 시인, 이 시대를 아파하며 경구 같은 시편으로 독자를 위로하는 시인, 완성도 높은 작품으로 문학의 길을 걸으며 스치는 풀잎에서도 마음을 다치는 감성의 시인 등 모두가 하나 같이 새로운 얼굴로 다가서고 있었다.

다음 기회에 더 품격 높은 작품으로 만날 수 있기를 기대한다.

황홀한 직선

지은이 | 운문시대
펴낸이 | 유재영
펴낸곳 | 주식회사 동학사

1판 1쇄 · 2019년 6월 15일
출판등록 · 1987년 11월 27일 제10-149

주소 · 04083 서울 마포구 토정로 53 (합정동)
전화 · 324-6130, 324-6131 | 팩스 · 324-6135
E-메일 | dhsbook@hanmail.net
홈페이지 | www.donghaksa.co.kr
www.green-home.co.kr

ISBN 978-89-7190-635-4 03810

※ 이 책은 울산광역시 보조금을 받아 발간하였습니다.